entdecke dich
Das Achtsamkeits-Journal

ELENA BROWER

AUS DEM AMERIKANISCHEN ENGLISCH
VON CHRISTINA KNÜLLIG

Die amerikanische Originalausgabe erschien 2017 unter dem Titel „Practice you" by Elena Brower.

All rights reserved including the right of reproduction in whole or in part in any form.
This translation published by exclusive license from Sounds True, Inc.
and by the agency of Agence Schneider.

Die Informationen in diesem Buch sind von Autorin und Verlag sorgfältig erwogen und geprüft, dennoch kann eine Garantie nicht übernommen werden. Eine Haftung der Autorin bzw. des Verlags und seiner Beauftragten für Personen-, Sach- und Vermögensschäden ist ausgeschlossen.

Alle Rechte vorbehalten. Vollständige oder auszugsweise Reproduktion, gleich welcher Form (Fotokopie, Mikrofilm, elektronische Datenverarbeitung oder andere Verfahren), Vervielfältigung und Weitergabe von Vervielfältigungen nur mit schriftlicher Genehmigung des Verlags.

Sollte diese Publikation Links auf Webseiten Dritter enthalten, so übernehmen wir für deren Inhalte keine Haftung, da wir uns diese nicht zu eigen machen, sondern lediglich auf deren Stand zum Zeitpunkt der Erstveröffentlichung verweisen.

© 2017 by Elena Brower

1. Auflage
© 2018 der deutschsprachigen Ausgabe by Irisiana Verlag,
einem Unternehmen der Verlagsgruppe Random House GmbH,
Neumarkter Straße 28, 81673 München
Redaktion: Nikola Teusianu, Inga Heckmann
Satz und Herstellung: Claudia Scheike
Projektleitung: Nikola Teusianu, Inga Heckmann
Illustrationen: Elena Brower
Cover- und Buchdesign: Rachael Murray
Umschlaggestaltung: Geviert, Grafik & Typografie
Druck und Bindung: DZS Grafik d.o.o.
Printed in Slovenia
ISBN: 978-3-424-15352-1

Verlagsgruppe Random House FSC® N001967

Meiner Mama gewidmet.

Meine Aufmerksamkeit ist mein Gebet.

ICH BIN. ICH FÜHLE. ICH MACHE.

Meine Gegenwärtigkeit ist meine Botschaft.

ICH LIEBE. ICH SPRECHE.

Meine Intention spiegelt meine Erwartung.

ICH SEHE. ICH VERSTEHE.

Mein Atem hilft mir, mich zu besinnen.

ICH VERTRAUE. ICH DIENE.

Einführung

Bereits dein ganzes Leben lang entdeckst du dich selbst. Immer schon bist du der Urheber deiner eigenen Erfahrung. Dieses Buch ist eine Einladung, der Autor eines geheiligten Textes zu werden. Eines Textes ganz nach deiner Vorstellung. Es ist eine Gelegenheit, einen Reiseführer zu schreiben, der dich zu deinem wahren Selbst führt.

Bist du mit deinem wahren Selbst verbunden? Ich habe erlebt, wie es ist zu zweifeln, sich unverbunden und unzulänglich zu fühlen und sich selbst nicht zu genügen, und ich habe gelernt, dass der einzige Weg aus dieser Misere der Weg nach innen ist. Durch Selbstbeobachtung oder indem ich über die Erkenntnisse meiner Lehrer nachsinne, entfaltet sich mein Verständnis immer mehr. Wenn ich auf der Suche nach Antworten zu meinen Tagebüchern greife, lerne ich unheimlich viel daraus, auf meine früheren Fragen zurückzublicken, die Antworten zu überdenken oder zu ergänzen. Zwei Jahrzehnte Tagebücher, das ist quasi medizinisches Heilwissen, gut gegen negatives Denken und gegen das Vergessen. Ausserdem sind diese Bücher randvoll mit wertvollen Erkenntnissen aus meiner eigenen Erfahrung. Das Buch in deinen Händen will dir den Zugang zu deinen eigenen Quellen ebnen. Stell dich selbst auf den Prüfstand, denk noch mal neu über dich nach, erinnere dich und kehre immer wieder zu dir zurück.

Auf den folgenden Seiten findest du neun Kapitel bzw. „Forschungs-Felder", von denen jedes einem anderen

Aspekt deiner Persönlichkeit gewidmet ist. Anleitungen und Fragen helfen dir dabei, eine andere Einstellung zu gewinnen, neue Perspektiven einzunehmen und deine Absichten zu verfolgen. Dabei wirst du auf hartnäckige Gefühle stossen, auf Gedankenmuster und Gewohnheiten. Du wirst deine eigene Stimme besser hören, deine Vision ausweiten und herausfinden, was dein Herz glücklich macht. Du wirst lernen, für die Umstände, Einsichten und energetischen Verbindungen zu sorgen, die es dir ermöglichen, dir selbst und anderen von Nutzen zu sein.

Jedes Kapitel beginnt mit einer Meditation, einer Gelegenheit also, die Dinge von einem neuen Standpunkt aus zu betrachten. Im Anschluss daran findest du eine Reihe von Fragen, Kontemplationen, Listen und Aufgaben sowie Botschaften, die du an dein vergangenes oder künftiges Selbst richtest. Manche Seiten laden dich ein, bestimmte Aussagen zu vervollständigen, Aussagen wie: „So liebe ich mich selbst" oder: „Ein Teil von mir weiss, wie man das lösen kann". Auf manchen Seiten findest du konkrete Anleitungen, wieder andere Seiten sind offener gehalten. Gegen Ende eines jeden Kapitels bekommst du die Gelegenheit, dein eigenes Gebet zu verfassen. Dieses Gebet oder dieser Wunsch kann als Frage formuliert sein, als Affirmation oder einfach als Bitte. Um deinen echten, vielleicht unausgegorenen oder wechselhaften Gefühlen Ausdruck zu verleihen, lernst du mithilfe dieses Journals besser hinzuhören. Schon bald erhebst du deinen inneren Dialog auf eine neue Stufe, begegnest dir selbst mit mehr Mitgefühl und Liebe und lernst, die Weisheit deines Herzens noch zu vergrössern.

Entweder du bearbeitest die Kapitel der Reihe nach, oder du vertraust auf das Schicksal, indem du eine Frage stellst und das Buch auf einer beliebigen Seite aufschlagst. Hab keine Angst, etwas Falsches zu schreiben oder klar und präzise zu sein. Sei beim Schreiben in diesem Tagebuch einfach so, wie du bist. Wenn du deinen Gedanken nachspürst, dann achte auf das, was ihnen zugrunde liegt – auf das süsse, fast kindliche Verlangen, gehört zu werden, gefühlt, gesehen, akzeptiert und geliebt, wer immer und wo immer du auch bist. Lass diese Seiten einen Funken Ehrfurcht in dir entfachen für deinen eigenen Weg. Mach sie zu deiner heiligen Stätte, deinem Refugium, in dem du alles hütest: deine Sicht auf die Welt, deine Prioritäten, dein Handeln, deine Bestimmung und deine Gebete.

„Ich bin hier, um mich einer Autorität zu beugen, von der ich weiss, dass sie grösser ist, da ich ein Teil von ihr bin. Sie besteht auf Anerkennung, Dienen und darauf, durch mich hindurch zu leuchten."

MADAME JEANNE DE SALZMANN

ich bin.

verkörpern

Nimm dir zu Beginn etwas Zeit, setze dich hin und erde dich. Lege die Hände mit den Handflächen nach unten auf deine Oberschenkel, atme langsam und tief. Anfangs ist dein Atem deutlich vernehmbar, allmählich wird er immer leiser. Lass deine Wirbelsäule lang werden. Spüre das Gewicht deines Körpers. Du bist ruhig, präsent und ganz bei dir selbst.

Vergegenwärtige dir die unten stehenden Fragen und lass dich auf den folgenden Seiten von ihnen leiten. Auf der Seite gegenüber ist Platz für erste Antworten. Deine Gedanken brauchen Zeit, um sich zu entfalten. Bleib ruhig, nimm dir die nötige Zeit und sei nachsichtig mit dir selbst. Solltest du die Seite vollgeschrieben haben, findest du später noch mehr leere Seiten für weitere Antworten. In diesem Kapitel geht es um die Themen „Sein" und „Verkörpern" – behalte die Fragen im Hinterkopf, wenn du dich diesen Themen widmest. Vielleicht blätterst du sogar ab und an zurück auf diese Seite. Wenn du dich besser kennenlernst, bist du vielleicht überrascht, was alles ans Licht kommt. Lass es zu.

- Wie definierst du dich selbst?
- Wer bist du heute? Kannst du einige der „Etiketten" nennen, mit denen du dich selbst versehen hast?
- Mit welchen Worten wurdest du deine derzeitige Einstellung zu deinem Leben beschreiben?
- Was ist in diesem Moment dein dringlichstes Bedürfnis, um dich lebendig, glücklich und ganz im Einklang mit dir selbst zu fühlen?

So bin ich, wenn der Zweifel
von mir abfällt.

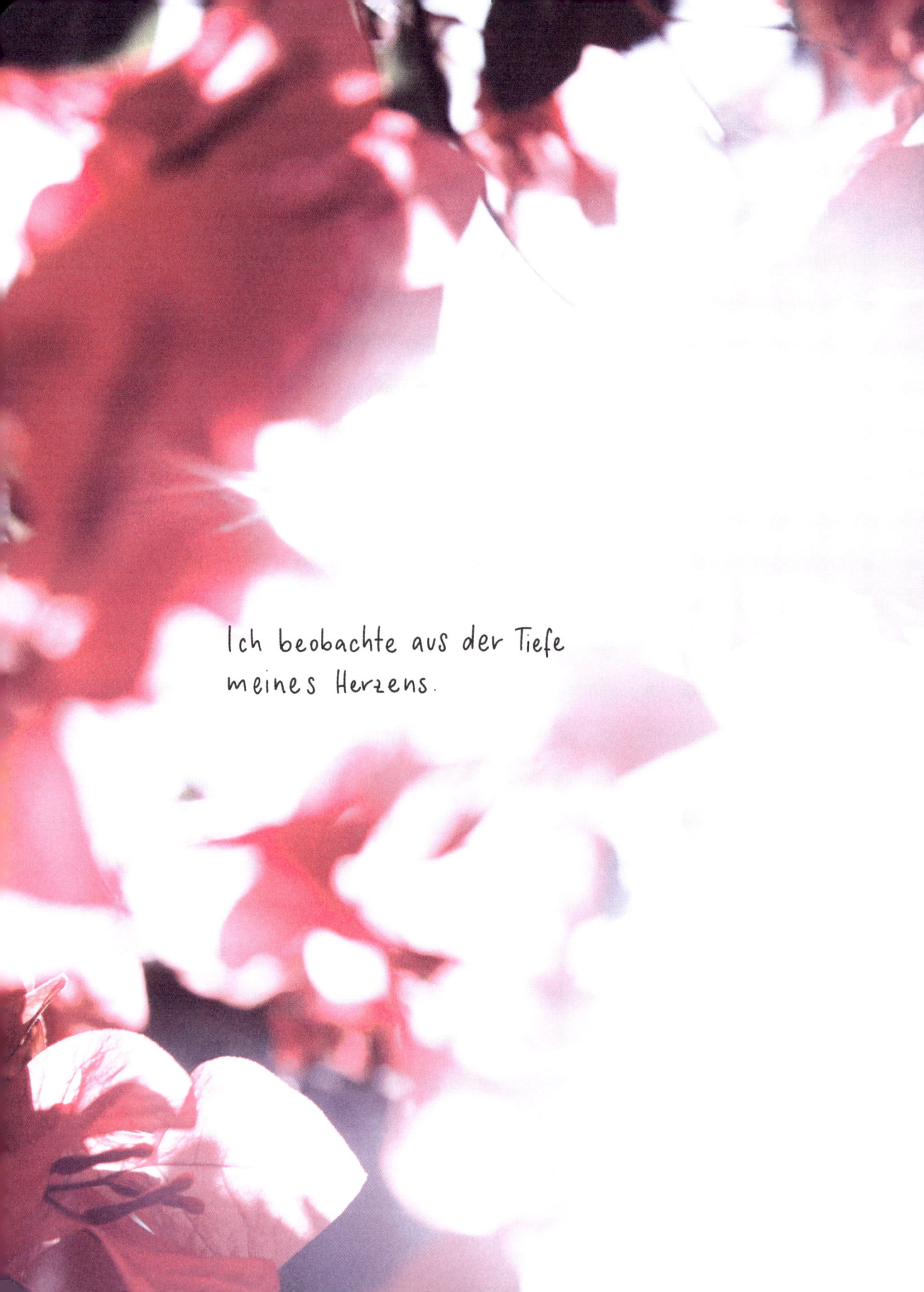

Ich beobachte aus der Tiefe meines Herzens.

ich bin all diese dinge,
und nichts davon.

So liebe ich meinen Körper.

SO FÜHLT SICH
MEIN KÖRPER
NACH DER
MEDITATION
AN.

DAS BEWUNDERE ICH HEUTE AM MEISTEN AN MIR.

ich liebe dich.

All das zeigt mir,
wer ich bin.

ich liebe dich.

ich liebe dich.

ich liebe dich.

ich liebe dich.

ich liebe dich.

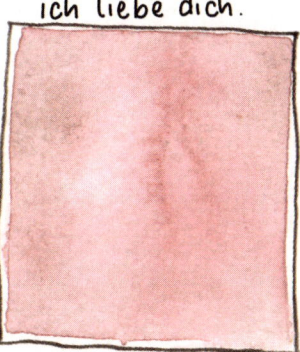

So lasse ich mich ein auf die innere Erfahrung von Liebe.

So fühlt es sich an, wenn ich an mich glaube.

Das ist mein Gebet, mit dem ich den Glauben an mich selbst ausdrücke.

ERINNERE dich an eine Situation, als du ungefähr drei Jahre alt warst und du dich unverstanden gefühlt hast, Angst hattest oder traurig warst. Schau auf deine Kleidung von damals, deine Umgebung, deine Füsse. Wie würde es sich anfühlen, dieses Kind in den Arm zu nehmen und zu halten? Schreibe aus deiner heutigen Perspektive einen Brief, ein Lied oder ein Gedicht für dieses Kind. Darin soll es um eine typische Erfahrung gehen, die man in dieser Phase der Kindheit macht. Vielleicht beschreibst du eine wichtige Bezugsperson oder die beste Freundin beziehungsweise den besten Freund. Hilf diesem Kind, dass es sich sicher, geborgen und angenommen fühlt.

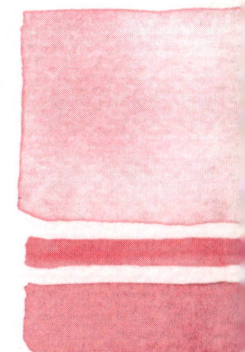

ich fühle.

Zuhause

Halte einen Moment inne und entspanne deinen Bauch. Lege deine Hände mit den Handflächen nach unten auf die Oberschenkel und atme – tief, ruhig und leise. Spüre den Raum, wenn dein Bauch weich und weit wird, nimm die sanfte Weisheit deiner tiefsten Gefühle wahr, ohne dich mit ihnen zu beschäftigen. Lausche einfach nur dem Kommen und Gehen der Gefühle in dir. Diese Empfindungen sind heilige Botschaften. Sie zeigen dir, was deiner Aufmerksamkeit bedarf, und führen dich zu dir selbst.

Vergegenwärtige dir die Fragen unten und lass dich auf den folgenden Seiten von ihnen leiten. Auch diesmal findest du auf der Seite gegenüber Platz für einige erste Antworten.

Wenn du in diesem Kapitel deine verborgenen Gefühle kennenlernst und herausfindest, wie du ihnen Raum geben kannst, behalte die Fragen im Hinterkopf und bleibe empfänglich und aufmerksam. Bleib offen und sei nicht zu streng mit dir selbst.

- Wo und bei wem fühlst du dich am meisten zu Hause?
- Wie fühlt es sich an, in dir selbst zu Hause zu sein?
- Welche Gefühle verlangen heute deine Aufmerksamkeit; welchen Gefühlen gehst du aus dem Weg?
- Wie kannst du all diese Gefühle auf sanfte Weise würdigen?
- Glaubst du, du kannst dein Erleben beeinflussen? Wenn nicht, warum nicht? Wenn ja, wie?

SO FÜHLE
ICH MICH
VOLLKOMMEN

lebendig

Ich kann mich anpassen, um jemand anderem zu helfen.

Das sind die emotionalen Zustände, denen ich unwissentlich die Tür geöffnet habe.

Das sind die kreativen Zustände, denen ich ab jetzt Raum gebe.

Ich werde
    die Quelle sein.

Ich werde
    anpassungsfähig sein.

Ich werde
    sicher sein.

Ich werde
    sanftmütig sein.

Ich werde sein.

ich werde

_____

_____

_____

_____

_____

_____

_____

_____

_____

SO WERDE ICH HEUTE SEIN.

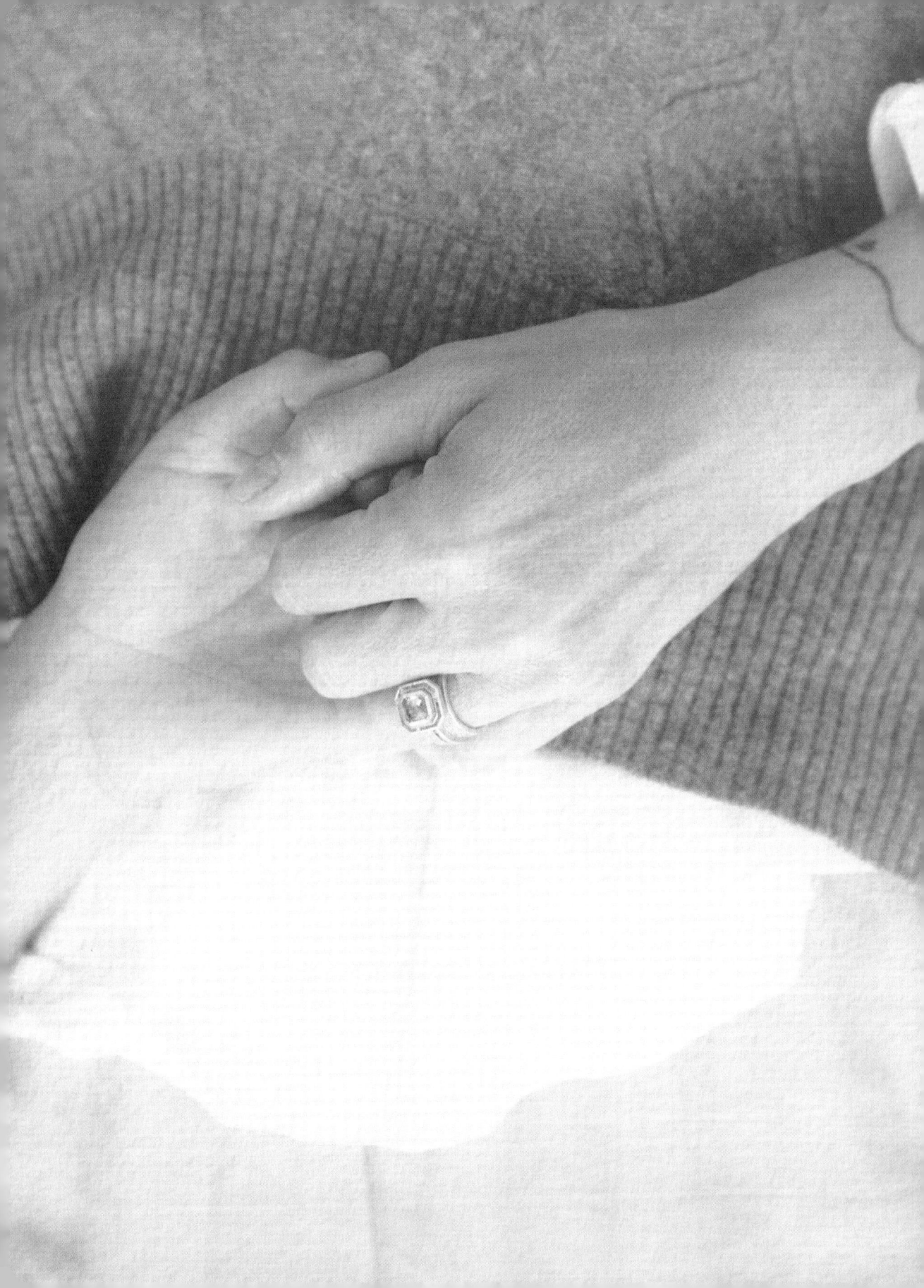

So fühlt sich Zuhause an.

RUHE

Lass Liebe dein
Denken bestimmen

Das ist mein Gebet, auf dass ich in mir selbst zu Hause bin.

ERINNERE dich an eine Situation im Alter von ungefähr sechs Jahren, als du dich unverstanden fühltest, Angst hattest oder traurig warst. Schreibe aus deiner heutigen Perspektive ein Lied, ein Gedicht, eine kurze Geschichte oder einen Brief an das Kind von damals. Bereite dein junges Ich damit auf das Kommende vor, auf die Veränderungen, die in diesem Alter schwer zu verstehen sind.

ich mache.

Würde

Nimm dir wieder Zeit und setze dich ruhig hin: die Hände auf den Oberschenkeln, die Handflächen nach oben, die Arme locker und entspannt. Die Kuppen von Zeigefinger und Daumen berühren sich. Richte deine Wirbelsäule auf, um das Gefühl von Erhabenheit und aufmerksamer Erwartung zu bekommen. Lass den Atem fliessen, die Bauchdecke sich heben und wieder senken. Spüre, wie sich der Raum unter deinem Herzen belebt und mit Energie füllt.

Die Fragen auf dieser Seite sollen dich beim Ausfüllen der kommenden Seiten leiten und dir dabei helfen. Sei wachsam und freundlich mit dir selbst. Bleibe in einer Art würdiger Gefasstheit, während du dich erforschst. Wenn wir gut zuhören und einander mit Aufmerksamkeit begegnen – und das gilt auch für die Begegnung mit uns selbst! –, bekommt der Austausch etwas Würdevolles. In dieser Untersuchung deines Handelns achte besonders darauf, wie Würde in dir zum Ausdruck kommt.

- Wie definierst du Würde und wie kannst du sie zur Basis deines Handelns machen?
- Wie unterscheidet sich äussere Würde von innerer?
- Wie kannst du dir selbst Würde verleihen?
- Und wie den Menschen in deiner Umgebung?

Indem ich

Folgendes mache,

respektiere

ich mich selbst.

So heisse ich die Lebenskraft in meinem Körper willkommen.

So bin ich, wenn ich eins bin mit meiner Stärke, wenn ich die Kraft meiner Seele kultiviere.

Das mache ich jeden Tag, um mich lebendig und ganz zu fühlen.

☐ MEDITIEREN.   Ich lausche auf meinen Atem.
Ich lasse ihn lang werden.
Ich schweife ab. Ich komme zurück.

☐ BETEN.   Ich blicke auf die, die mich leiten.
Ich frage. Ich empfange.

☐ GESTALTEN.   Ich bin umgeben von so vielen
Farben. Ich gebe mich hin.
Ich fange an.

Das sind meine guten Wünsche

für alle MÜTTER und VÄTER

so stelle ich die Harmonie wieder her:

ICH BEGINNE
MIT VERGEBUNG...

...UND ENDE
MIT MITGEFÜHL.

So bete ich um

Sanftmut

Wie kann Disziplin dem *Weiblichen* dienen?

ERINNERE dich an eine Situation, in der du ungefähr neun warst und du dich vielleicht abgelehnt gefühlt hast, Angst hattest oder traurig warst. Nun schreib aus deiner heutigen Sicht ein Lied, ein Gedicht, eine kurze Geschichte oder einen Brief. Er soll dem Kind von damals Einsicht in das gewähren, was du bald über dich lernst, über den Glauben an dich und darüber, dir selbst Würde zu verleihen, indem du dir selbst vertraust.

ich liebe.

Liebe

Nimm dir Zeit und setze dich ruhig hin. Die Hände liegen mit den Handflächen nach oben auf den Oberschenkeln, die Arme sind entspannt. Die Spitzen der Ringfinger berühren die Daumen. Richte die Wirbelsäule lang auf und atme in den Raum der Liebe im Zentrum deines Herzens. Lass den Atem ganz natürlich aufsteigen und sich absenken. Lass die Liebe sich erheben und weit werden.

Die Fragen auf dieser Seite sollen dich beim Ausfüllen der kommenden Seiten leiten und dir dabei helfen. Bleib liebevoll und ganz bei dir. Halte das Licht der Liebe die ganze Zeit in deinem Herzen. Nähre dein Selbst mit deinen Notizen.

- Wann hast du dich wirklich geliebt und umsorgt gefühlt?
- Wo spürst du diese Liebe in deinem Körper?
- Welche Gedanken entspringen dem Gefühl der Liebe?
- Wie könntest du mehr Liebe empfangen? Oder Liebe geben?

SO SCHENKE ICH MIR SELBST LIEBE.

SO ÜBE ICH MICH IN
innerer Würde

MEINE LIEBE IST GEDULDIG.
MEINE GEDULD IST LIEBE.

Innere Würde fühlt sich so an.

Ich bin klar in meiner LIEBE. Ich strahle LIEBE aus.

Ich handle aus LIEBE.

Ich lasse meine LIEBE wachsen.

Ich respektiere die LIEBE.

Ich nehme mir Zeit für die LIEBE.

Ich finde neue Gründe und Wege, um LIEBE auszudrücken.

.... So schenke ich Liebe.

So empfange ich Liebe..

So gebe ich meiner Liebe eine Richtung.

Wie hat mein gebrochenes Herz mir dabei geholfen, meine Seelenverwandten zu finden?

Das sind die Menschen, die ich ausgesucht habe, und die auch mich ausgesucht haben.

Das ist der STAMMBAUM meiner SEELENVERWANDTEN.

So leben die göttliche Weiblichkeit und die göttliche Männlichkeit Seite an Seite in mir.

Das sind meine mitfühlenden Gedanken für mich selbst.

Das ist mein Liebessegen.

Dieser Segen hat weder Anfang noch Ende

ERINNERE dich an eine Situation im Alter von zwölf Jahren, als du dich unverstanden gefühlt hast, als du Angst hattest oder traurig warst. Stell dir vor, wie du dich – so wie du jetzt bist – zu deinem damaligen Ich setzt und ihm hilfst, sich sicher und beachtet zu fühlen. Erläutere aus deiner heutigen Sicht die bedeutsamsten Erkenntnisse, die es in der Zeit der Pubertät zu gewinnen gilt, und zwar in einem Brief oder Gedicht, einem Lied oder einer Geschichte.

ich spreche.

Zuhören

Setze dich still hin. Die Hände liegen mit den Handflächen nach oben auf den Oberschenkeln, die Arme sind entspannt. Die Kuppen der kleinen Finger berühren die Daumen. Richte die Wirbelsäule lang auf und atme in deinen oberen Brustkorb und den Hals. Lasse den Atem ganz natürlich kommen und gehen und öffne dich für das Zuhören.

Die Fragen auf dieser Seite sollen dich beim Ausfüllen der kommenden Seiten leiten und dir dabei helfen. Höre bei dieser Erforschung deiner Sprache auf die Worte, die beim Lesen der nächsten Seiten in dir aufsteigen. Halte sie fest. Bleibe in Verbindung mit der Qualität deiner Gedanken wie auch mit der Qualität deiner inneren Stille. Diese Stille ist der Ursprung allen Wissens und spricht deine Wahrheit. Die Stille vergibt, wo du es besonders brauchst, und gewährt dir Liebe durch die Worte, die du innerlich wählst.

- Suche fünf Worte aus, die dich heute beschreiben.
- Nenne jemanden, den du kennst, der oder die eine gute Zuhörerin ist. Was zeichnet diese Menschen aus?
- Wie fühlt es sich an, wenn man wirklich gehört wird?
- Gibt es jemanden in deiner Umgebung, bei dem oder bei der du dich heute entschuldigen könntest? Mache eine Notiz (abschicken musst du sie nicht, ausser du möchtest es; aufschreiben genügt).
- Was bedeutet dir Vergebung?
- Gibt es jemanden, dem du heute vergeben könntest?

Das auszusprechen macht mir Angst.

Aber ich weiss, dass ich mich danach befreit fühlen werde.

...wie ich mit mir spreche...

...gleicht dem, wie ich mit anderen spreche...

Das sind die Menschen,

denen ich aufmerksamer zuhören könnte.

So beginnt
VERGEBUNG.

So werde ich wie das Wasser.

So liebe ich mich mit meinen Worten.

„Unsere Worte werden zum Haus, in dem wir leben."
– Hafis

Das sind die Worte, mit denen ich bauen möchte.

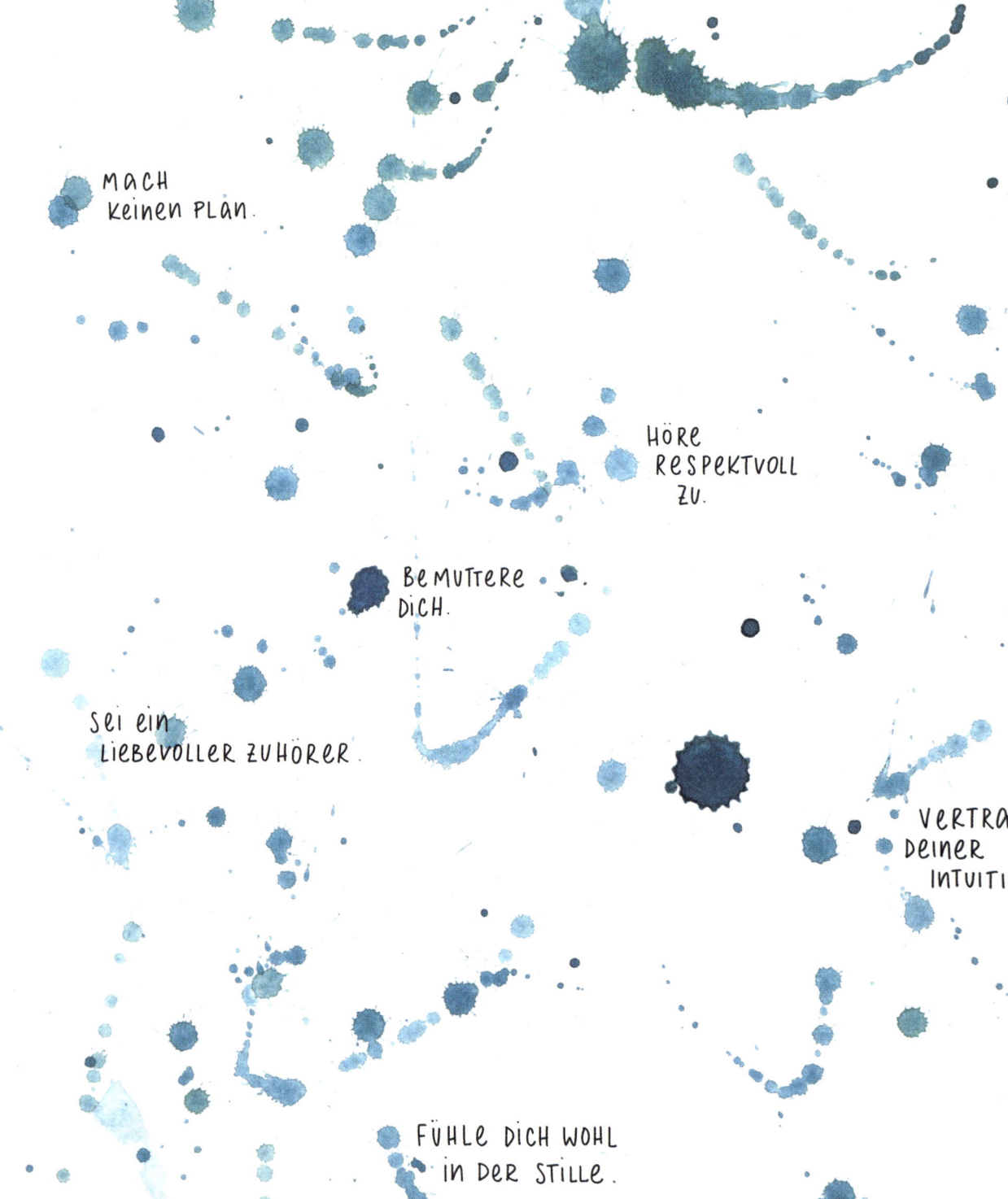

Diese Geschenke hält der heutige Tag für mich bereit.

STELLE DIR VOR, wer du im Alter von 15 warst oder hättest sein können. Wie fühlst du dich? Wer steht dir am nächsten? Schreibe aus der heutigen Perspektive einen Brief, ein Gedicht, eine Geschichte oder ein Lied, in dem es um die tiefen Erkenntnisse geht, die man zwischen 15 und 18 zu lernen hat. Wenn du jünger bist als 15, schreibe auf, wer du am liebsten werden würdest.

ich sehe.

Einsicht

Setze dich still hin. Die Hände liegen mit den Handflächen nach oben auf den Oberschenkeln, die Arme sind locker und entspannt, die Hände geöffnet. Richte die Wirbelsäule lang auf und atme ins Zentrum deines Gehirns. Lasse den Atem ganz natürlich ein- und ausfliessen und öffne deine Augen weit. Hebe deine Brauen. Spüre, wie sich ein kleines Lächeln in deinem Gesicht entwickelt.
Bleibe bei dieser inneren Forschungsreise in Verbindung mit dem, was du in Gedanken siehst und hörst. Übe dich darin, die Wahrnehmungen zügig wieder ziehen zu lassen. Sei offen für neue Möglichkeiten und Ideen. Hör gut zu, während du schreibst, sodass sich dir neue Pfade erschliessen können.

- Nenne eine Erkenntnis, die du kürzlich hattest und die dich weitergebracht hat.
- Was siehst du nun, was du noch vor wenigen Monaten oder gar Wochen nicht gesehen hättest?
- Wie hat das deine Sicht auf das Leben verändert?

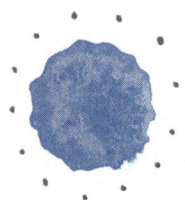
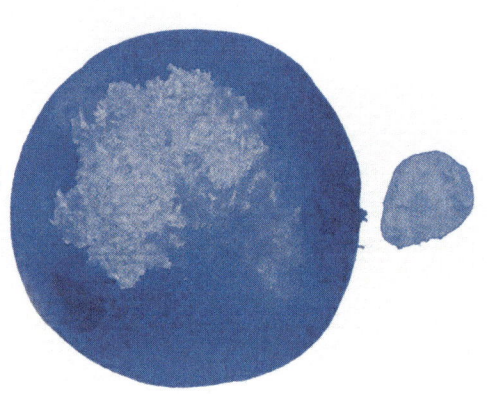

So fühle ich mich wohl damit, andere zu leiten.

So baue ich auf meine Stärken.

So bleibe ich empfänglich für das, was kommt.

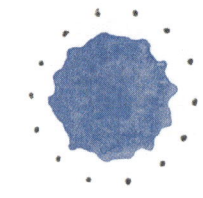

Das ist meine Vision davon, andere zu leiten . . . . . .

SEHNSUCHT

ZUGEHÖRIGKEIT

So führt schon die kleinste Veränderung

meiner Wahrnehmung zu wahrer Heilung.

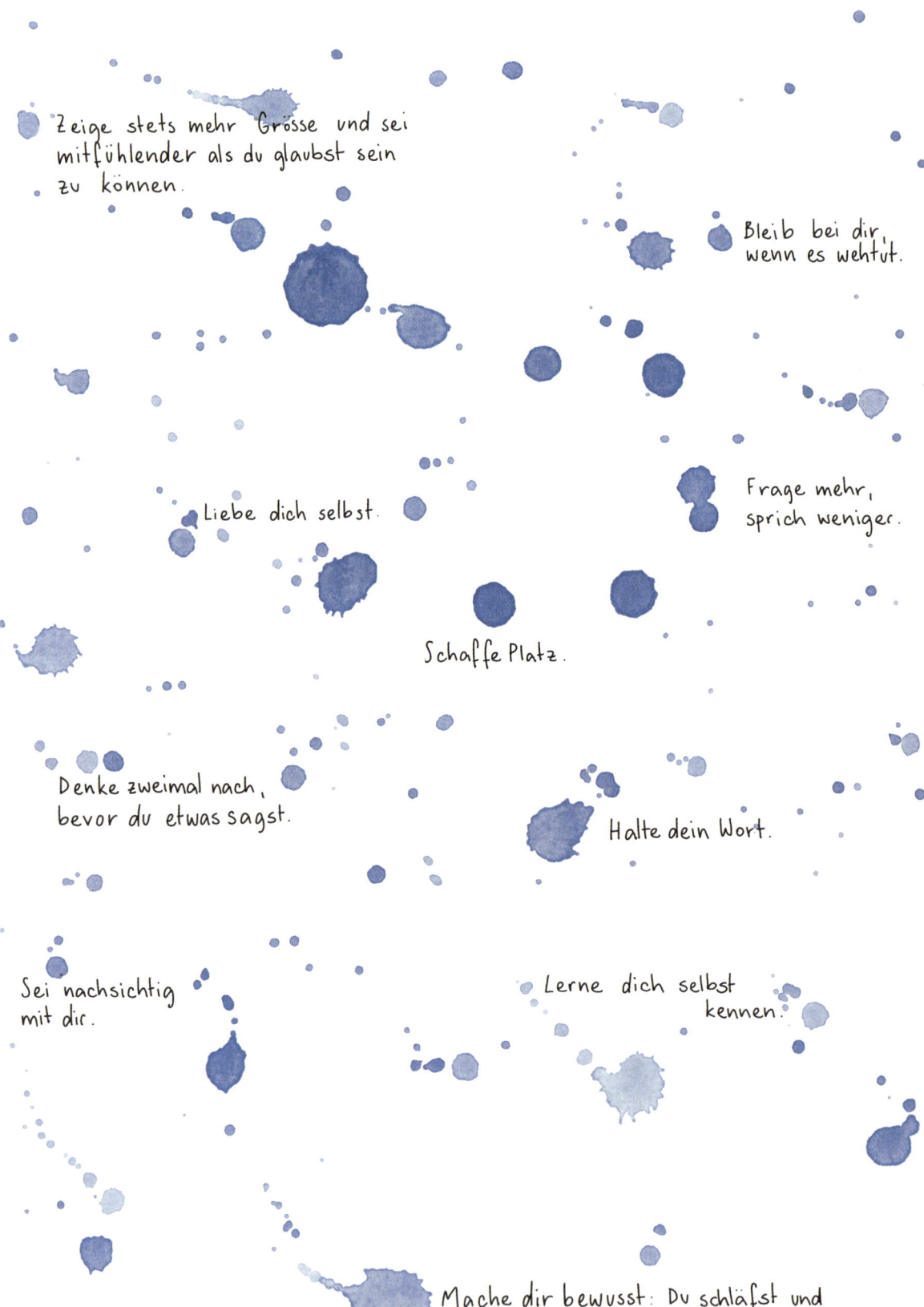

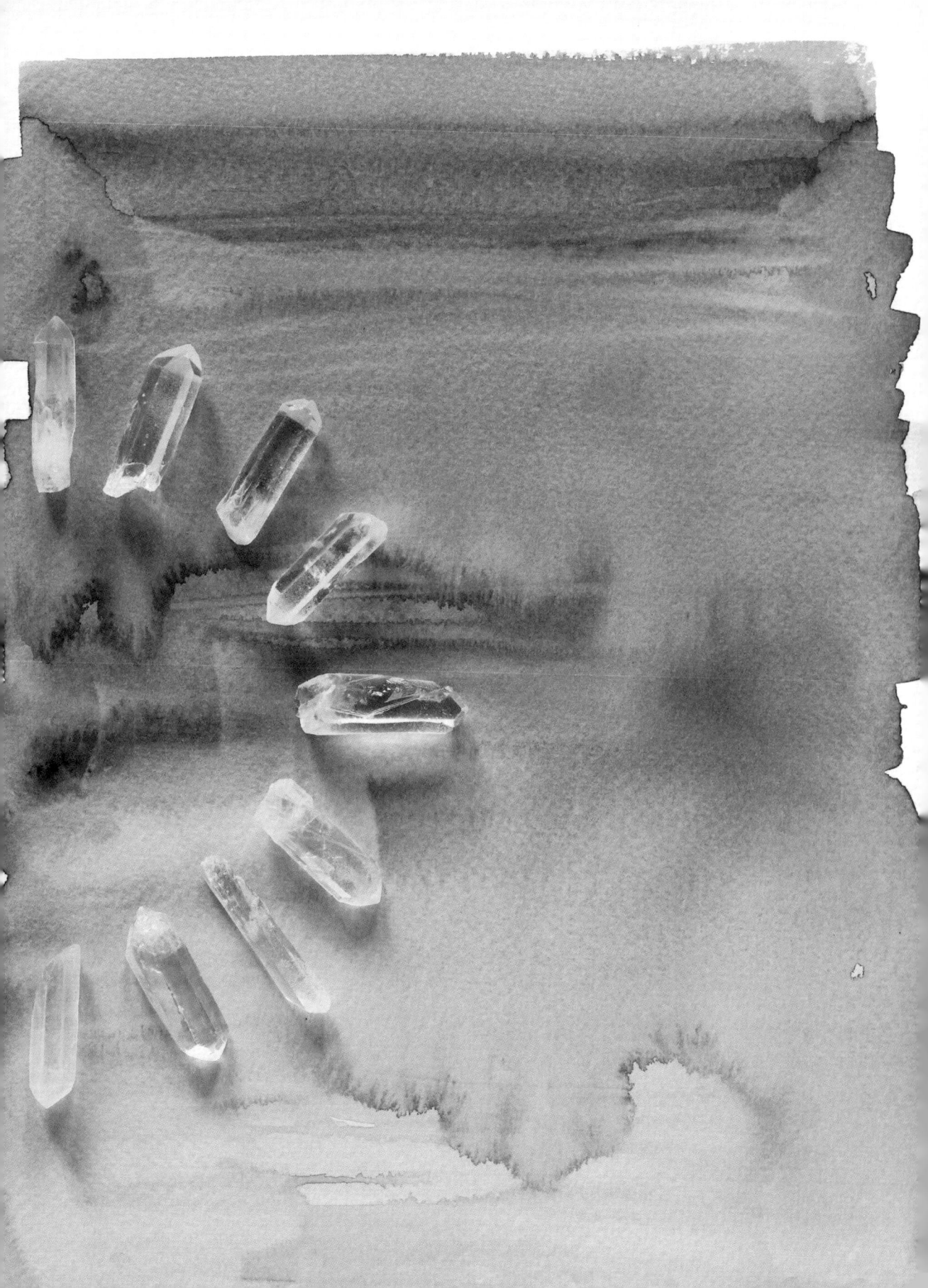

wenn ich meinen Blick
ganz weich werden lasse,
sehe ich dies in meinem
Herzen.

Das lasse ich los. Das vertiefe ich.

DENKE DARAN, wer du mit 21 warst. Schreibe einen Brief, ein Gedicht, eine Geschichte oder ein Lied, das von einem wunderbaren und einprägsamen Augenblick aus der Zeit danach handelt. Gib deinem Selbst von 21 etwas aus deiner Erfahrung und Reife von heute mit, davon, wie man sich um seinen Körper und um seinen Geist kümmert.

Wenn du noch nicht so alt bist, schreibe einen Brief, ein Gedicht, eine Geschichte oder ein Lied, in dem es um all das geht, was du von deinem späteren Selbst gerne lernen würdest.

ich verstehe.

Weisheit

Setze dich still hin. Die Hände liegen mit den Handflächen nach oben auf den Oberschenkeln, die Arme sind locker und entspannt, Zeigefinger und Daumen berühren sich. Richte die Wirbelsäule lang auf und atme in deine Krone ganz oben auf deinem Kopf. Atme ganz natürlich und spüre, wie sich alles vom Herzen aufwärts erhebt und du doch geerdet bleibst.

Die Fragen auf dieser Seite sollen dich beim Ausfüllen der kommenden Seiten leiten und dir dabei helfen. Weisheit lässt sich als Zustand betrachten, in dem du mit dem Geist, der Quelle, mit deinem tiefsten Wissen verbunden bist. Bleibe bei dieser Reise zu deiner Wahrheit aufmerksam für die kosmischen und göttlichen Möglichkeiten, die dein Leben beeinflussen können. Erlaube dir, sie aufzuschreiben.

- Wann fühlst du dich am meisten mit dem Geist, mit deiner Quelle, verbunden?
- Wann bist du dir am meisten deiner selbst als göttliches Geschöpf bewusst?
- In welchem Zusammenhang und mit welchen Menschen fühlst du dich am meisten zu Hause und am meisten bei dir selbst?
- Was ist der Unterschied zwischen deinem inneren und deinem äusseren Leben?

So spiegelt meine Aussenwelt mein Innenleben wider.

Hier hat meine Seele ihren Sitz.

Das hier mache ich mir zur Gewohnheit,

um mein wahres Selbst zu entfalten.

Heimat

ist kein Ort. Heimat ist ein Bewusstseinszustand.
Heimat ist meine Vergebung. Heimat ist Zauber.
Heimat ist mein Versprechen. Heimat ist mein Mitgefühl.
Heimat ist meine Menschlichkeit. Und ja, Heimat ist meine Familie, mit all ihrer Verrücktheit und Schönheit.
Heimat ist das, was ich aus der Wirklichkeit mache;
Heimat ist sogar die Illusion, von meinem wahren Selbst getrennt zu sein;
Heimat ist der Ort, wo ich ganz dem Wandel zugetan bin.
Heimat ist berühren, einen Gruss erwidern, erkennen, umarmen;
Heimat ist, die wahre Natur eines anderen zu ergründen.
Heimat heißt erkunden, akzeptieren und befreien.
Heimat ist Einssein, Führung, ist Hören und Staunen.
Heute sage ich ganz bewusst danke für diese Einladung, das Erkunden und nach Hause kommen.

So wird Sorge zu Weisheit.

SO ÜBE ICH MICH IN FREIHEIT.

SO VERWANDLE ICH SCHULDGEFÜHLE IN MUT.

SO ENTWICKLE ICH MICH RESPEKTVOLL WEITER.

tiefer Respekt bedeutet Zuhören.

einfühlsame Freundlichkeit, mitfühlende Liebe.

Lernen, Anerkennung, Bewunderung, Hochachtung.

aktuelle Praxis, aufmerksame Gegenwärtigkeit.

So füge ich die Teile wieder zusammen, nachdem ich mich selbst in Stücke gerissen habe.

es gibt
keinen schuldigen
nichts zu fürchten
kein versteck
keine geheimnisse.
es gibt
eine Liebe
ein Herz
ein Licht
einen Körper
ein Vorrecht
einen Ursprung
eine Familie.

Das ist mein Gebet für Wachstum und Entwicklung.

STELLE DIR dein Selbst mit 33 Jahren vor. Wenn du noch nicht so alt bist, halte einen Moment inne und verbinde dich mit dem Menschen, der du mit 33 sein wirst. Schreibe einen Brief, ein Gedicht, eine Geschichte oder ein Lied aus der Sicht eines oder einer 33-Jährigen an dein heutiges Ich. Was bedeutet Heimat für dein zukünftiges Ich?

Wenn du schon älter bist, schreibe eine Botschaft an dich mit 33. Darin soll es darum gehen, was für dich ganz besonders wichtig in Bezug auf „Heimisch werden" ist. Wie hast du in den Jahren zwischen heute und 33 zu dir selbst gefunden? Auf was sollte sich dein jüngeres Selbst in dieser Hinsicht freuen?

ich vertraue.

Integrität

Setze dich ruhig hin. Die linke Hand berührt dein Herz. Richte deine Wirbelsäule lang auf, spüre die Ausdehnung deines Körpers bei der Einatmung. Spüre den Atem auch über den Körper hinaus, als ob du in den Raum um dich herum wachsen könntest.

Die Fragen auf dieser Seite sollen dich beim Ausfüllen der kommenden Seiten leiten und dir dabei helfen. Überlege, wie dein Verhältnis zur Integrität ist und was sie ausmacht. Integrität ist ein Zustand, in dem Herz, Verstand und Körper in dieselbe Richtung weisen, auf dasselbe Ziel hin ausgerichtet sind. Habe keine Bedenken bei dieser Erforschung des Verhältnisses von Vertrauen und Integrität und sei ganz ehrlich mit dir. Sei sanft und furchtlos zugleich.

- Was bedeutet Vertrauen für dich?
- In welcher Hinsicht und bei welchen Gelegenheiten bist du vertrauenswürdig? Oder auch nicht so vertrauenswürdig?
- Benenne einen Zeitpunkt, an dem du zu dir selbst oder zu anderen nicht ehrlich warst.
- Denke an Menschen, denen du vollkommen vertraust. Wie haben sie sich dein Vertrauen verdient?
- Nenne ein oder zwei Begebenheiten, bei denen du Integrität in der Praxis erleben konntest. Auf welche Weise hat dich das inspiriert?

ein Teil von mir weiss, wie Heilung gelingt.

ich stehe auf heiligem grund.

hier bin ich voll vertrauen.

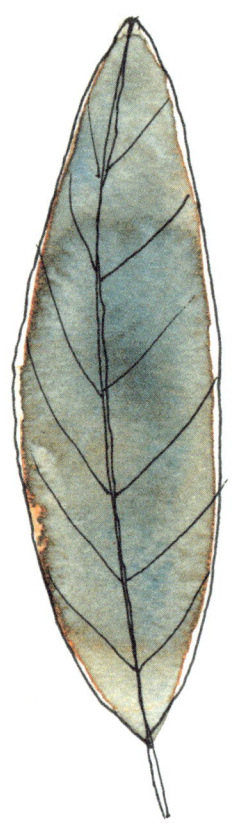

„In Wirklichkeit kann dich niemand aufhalten.
Niemand kann dir schaden.
Du bist nicht an Zeit und Raum gebunden.
Du hast immer die Wahl, worauf
du deinen Geist richtest."

Yogi Bhajan

eine erinnerung für mich.

Ich werde gehalten. Ich bin sicher.
Ich bin frei. Ich bin weise.
Ich bin _____

_____

_____

_____

_____

Hier finde ich Sinn und Bedeutung.

Das ist es, was ich gerade werde.

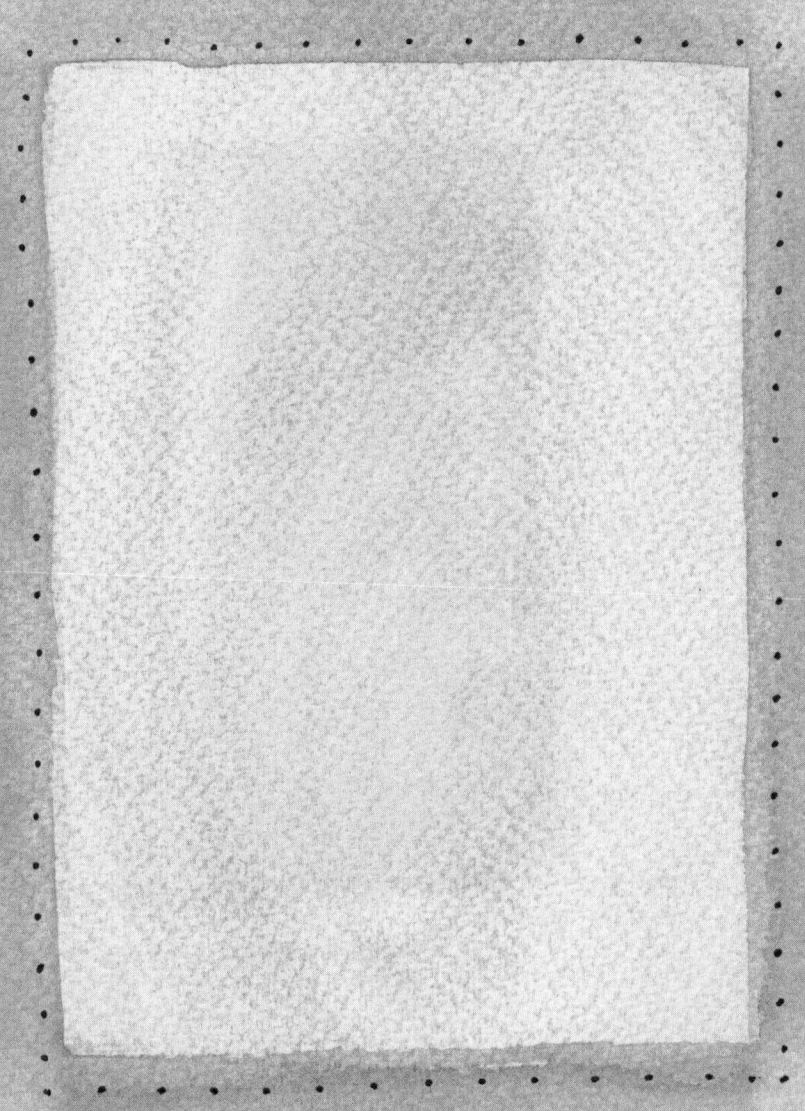

Manchmal fliege ich, ich lasse los, ich steige empor. So fühlt es sich an.

auf diese weise **lasse ich los** wenn es an der zeit ist.

So lebe ich im einklang mit der uneindeutigkeit. . . .

So übe ich mich in demut. . . . .

Heute sage ich die Wahrheit.
Ich schreibe ein wenig.
Ich erschaffe ein Kunstwerk,
und sei es auch noch so klein.
Mindestens einmal denke ich an mich.
Ich mache meine Wirbelsäule lang.
Ich liebe mich selbst, innerlich
und äußerlich.
Ich verlasse mich ganz auf das
Universum. Ich bitte um ein Zeichen.
Ich empfange es voll Dankbarkeit.

Das ist mein Gebet für
Bewusstheit, wenn ich vergesse zu vertrauen.

STELLE dir vor, du bist 55 Jahre alt. Wenn du noch nicht so alt bist, halte einen Moment inne und verbinde dich mit dem Menschen, der du mit 55 sein wirst. Schreibe einen Brief, ein Gedicht, eine Geschichte oder ein Lied aus der Sicht einer oder eines 55-Jährigen und führe aus, was du über Integrität und Vertrauenswürdigkeit im Laufe deines Lebens gelernt hast.

Wenn du schon älter bist als 55, schreibe eine Botschaft an dich, die erklärt, was für dich ganz eng mit Integrität verbunden ist. Was muss dein Selbst in dieser Altersstufe über Vertrauen und wahrhaftiges Sprechen wissen?

ich diene.

Freiheit

Sitze wieder ruhig, beide Hände auf deinem Herzen. Deine Wirbelsäule ist aufgerichtet. Atme tief und höre auf deine innere Stimme.
Bleibe ganz bei dir und deiner Freiheit, während du auf den folgenden Seiten deine Einträge machst. Dies ist die letzte Erkundungsreise. Denke nach über die Beziehung zwischen deiner grössten Gabe und deiner endgültigen Befreiung.

- In welcher Weise zeigt deine Präsenz dein tiefstes Wesen?
- Was bedeutet dir Dienen?
- Wem oder was dienst du momentan?
- Berücksichtige dabei auch den Haushalt, die Kinder, die Eltern, Freunde und Tiere.
- Wie dienst du dir selbst?

ZWISCHEN HIER UND DORT
IST DIE FREQUENZ AUF LIEBE GESTELLT.

Wir sind beschenkt mit dem, was unsere Lehrer uns vermitteln. Das mache ich aus den Geschenken.

So diene ich mit Sanftheit.

Das ist der innerste Tempel.

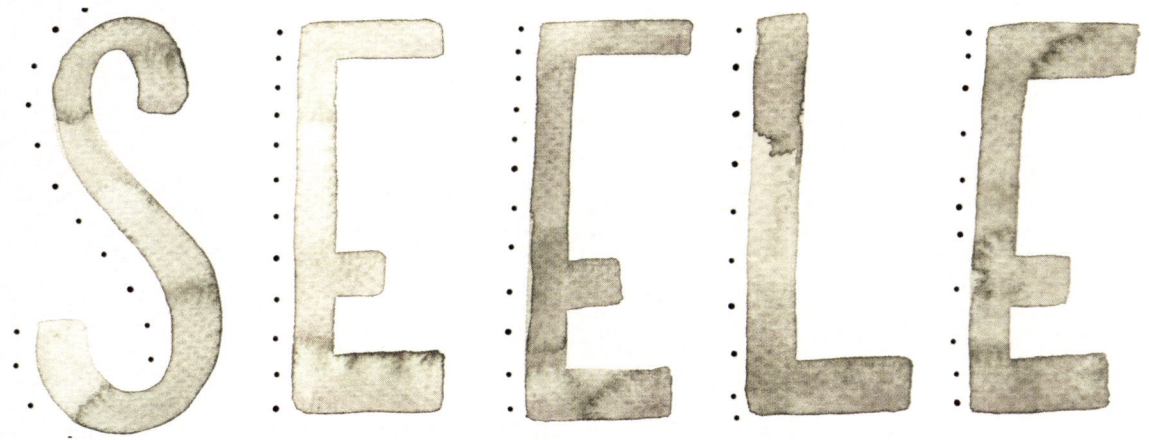

Dem hier  ich gerade.

SO SCHAFFE ICH RAUM.

„Meine ganze Anstrengung, all die Arbeit... dient dazu, meinen Körper so entspannt zu halten, dass keine Energie aus ihm entweichen kann."

Madame Jeanne de Salzmann

So fördere ich Wachstum
und Entwicklung in meiner Familie.

Wir sind miteinander verwandt.

Indem ich mich um mich kümmere, kümmere ich mich um dich.

Indem ich für dich sorge, sorge ich für mich.

Das ist mein Gebet für das Wissen darum, wie ich helfen kann.

STELLE dir vor, wie du mit 99 Jahren sein wirst. Halte einen Moment inne und verbinde dich mit deinem zukünftigen Selbst. Schreibe dir einen Brief, ein Gedicht, eine Geschichte oder ein Lied aus dieser hundertjährigen Perspektive. Wie stellst du dir in diesem Alter die Verbindung von Präsenz und wahrhaftigem Dienen in diesem Leben vor? Was hat Dienst am Nächsten und an dir selbst mit Freiheit zu tun? Und was ist die wichtigste Botschaft dieses zukünftigen Selbst an dein heutiges Ich?

Danksagungen

Mama, ich danke dir dafür, dass du niemals von meiner Seite gewichen bist, dass du mir von Herzen gezeigt hast, dass ich mich auf dich verlassen kann, und dafür, dass du mir immer wieder und ganz bewusst vermittelt hast, wer ich bin.

Jones, Licht und Lehrer. Danke, dass du so geduldig warst, während ich an diesem Projekt gemalt und gearbeitet habe.

Daddy, Jess, Jeff, Cory, Jenny und Henry dafür, dass ihr mich zum Lachen gebracht habt und mich nicht habt entwischen lassen. Anthony und Gabrielle für Liebe und Vertrauen.

James Benard, danke für deine Augen, dein Herz, deine Liebe und deine Partnerschaft.

Kevin Sullivan dafür, dass du dieses Buch sanft, aber bestimmt hast Wirklichkeit werden lassen.

Jennifer Murray dafür, dass du mein Herz auf die Schiene der Kreativität gesetzt hast.

Lynn Hazan, meiner Geschäftspartnerin, für alles und jedes.

Michelle Martello und Zane Gibbs für Brainstorming-Sessions und Liebenswürdigkeit.

Ewa de Cruz für Beflügelndes in Sachen allmähliche Entwicklung und Aufstieg.

Sidney Bensimon für Fotos und fürs Zuhören.

Meinen Lehrern Yogarupa Rod Stryker, Hari Kaur Khalsa, Nevine Michaan, Abbie Galvin, Shiva Rea: Wegen euch bin ich hier.

Meinen Frauen und Hexen: Ihr zeigt mir den Götterfunken.

Meinem Business-Clan und dem Team: Danke für eure Aufmerksamkeit und Fürsorge.

Meinen Kunstlehrern Joan Hochberg, Pedro Cano und Mary Ellen Bonifati McGeough: Danke, ihr seid der wahre Anfang dieses Buchs. Danke für die tolle Schulzeit.

Danke an das Sounds True Team für die Fürsorglichkeit und Vision: Brian Galvin, Jennifer Y. Brown, Karen Polaski, Rachael Murray, Leslie Brown, Wendy Pardo, Andrew Young, Kira Roark, Wendy Gardner.

Über die Autorin

Elena Brower unterrichtet seit 1998 Yoga. Ausserdem ist sie Malerin, Schriftstellerin und Designerin.

Ihr Buch „Die Kunst der Aufmerksamkeit" (Art of Attention) wurde in sechs Sprachen übersetzt. Elena ist die Gründerin von Teach.yoga, ein virtuelles Zuhause für Lehrer aus über 60 Ländern. Erfahre mehr dazu unter: practiceyou.com (auf Englisch).